ANIDAN MINERALES

ANIDAN MINERALES

Julia Viejo

Pre-Textos

*V Premio Internacional de Poesía
Ciudad de Estepona*

POESÍA

En reunión celebrada en Estepona el 7 de mayo de 2025, un jurado compuesto por
D. Carlos Marzal, D. Carlos Pardo, Dña. Ana Merino, Dña. Sofía Castañón,
Dña. Marta Fernández, Dña. Ana Fernández-Villaverde (La Bien Querida),
D. Manuel Borrás (editor de la obra) y, actuando como secretario, D. José María Guerrero,
otorgó por mayoría el V Premio Internacional de Poesía «Ciudad de Estepona»
a la obra *Anidan minerales,* presentada bajo el seudónimo de «Teo»,
y cuya autora, una vez abierta la plica, resultó ser Dña. Julia Viejo.

Primera edición: septiembre de 2025
Primera reimpresión: mayo de 2026

Diseño y maquetación: Pre-Textos (S.G.E.)

© Julia Viejo, 2025 (The Ella Sher Literary Agency)
© de la presente edición:
PRE-TEXTOS, 2025
Luis Santángel, 10
46005 Valencia
www.pre-textos.com

con la colaboración de

EL AYUNTAMIENTO DE ESTEPONA

Ayuntamiento
de Estepona

ISBN: 978-84-10309-76-0
Depósito legal: V-2956-2025

Impreso en España - Printed in Spain

Impreso en Safekat S.L.

A mis padres

TEO ESCRIBE SU PRIMER POEMA

Tengo que escribir mi primer poema
tratará de espejos y alubias y centellas
después me iré a la cama sabiendo que he rendido
y pasarán los años
coseré mis botones
no haré mucho ruido
con mi primer poema sobre manos y zorros
mi primer poema sobre velocidades
mi primer poema sobre una chaquetita
de moraleja gruesa y moriré
más tarde con mi obra entre los brazos
y nada habrá cambiado quedará
calor bajo las mangas
y tierra removida
a la sombra del árbol del Esopo.

Lo que te gusta es
suceder
antes de ser.

VERGÜENZA

Es febrero
el paso de los días
convertida en una antipersona
con una cuenta corriente y correosa
me despierta las ganas de matarme.
Vivir me da vergüenza.
Ser ignorante y ponente
dejar caer lombrices de opinión
recibir una limosna en mi ranura
ser poeta
adolecer de cosas
fingir
que sé comprar al peso.
Es atroz ser mirada
y a la vez
correr a la ventana a que te miren.

GUARDA CANDOR

Antes decía: la chica esto y lo otro
el cuento tiene que ser
redondo
la piel muda
y siempre era verano en todas partes.
Decía sal de frutas
y tesoro
guarda candor
ermitas oreadas.
Nunca más escribiré como escribía
cuando no era escritora.

Todos los días doy gracias por tener
pulgares oponibles
y secar con ellos lágrimas y leche
de las caras pequeñas de L y E.
No lo saben
pero algún día serán contorsionistas
de horas merodeadores del viento
arquitectos en Marte
vigilantes del plancton
empleados de novísimos empleos
y con sus propios pulgares oponibles
secarán otros fluidos de tristeza
y así el mundo podrá ser el mismo mundo.
En ellos vive la perpetuidad.

Quisiera hallar mi casa en la palabra.
Quisiera hallar mi casa.
Quisiera hallar.
Quisiera
simplemente
me da igual quién o qué.

Hoy visité la radio
para tratar de dar explicaciones
sobre todas las cosas misteriosas
para abrir la bocaza
y vomitar
vanas explicaciones
sobre la ciencia secreta de la piña
por qué tenemos pelo
por qué
salimos aquel día de las cuevas
por qué
responde, por qué la vida es esta
y no otra mejor
responde, puta
y yo: bueno, en fin, pido disculpas
por no saber ninguna de las cosas
que me preguntáis hoy
¿acaso yo
pregunto alguna vez
por qué estoy invitada a vuestras fiestas?

Tropecientos antiguos
a carcajadas.
Porque siempre hubo más.

Yo vi un pelotón de nueve hermanos
trotando por el río
la nieve estaba sucia
me cortaron el pelo por piojos
y los vimos a la lupa borrachos
de mi sangre y trotaron
más tarde por la almohada
como en el río un pelotón de nueve hermanos
y en los bares me dijeron: si pareces un
niño represaliado
si pareces un
niño homosexual
con tétanos en el meñique
y tenía pudor
con siete años
la nuca al aire el cuerpo crudo
y a finales de curso me escribieron
en una cartulina:
esta niña se excita demasiado
padece de euforia
y a menudo sangra por la nariz
y se abre la barbilla con las mesas
qué coño hace
esta niña cuando no la miramos
qué coño hace esta niña.

MIÉRCOLES DE CENIZA

Hay una multitud en la puerta
de la parroquia nueva
con las frentes untadas en ceniza.
Caminan muy despacio mis vecinos
para que no les resbale en las pestañas.
Caminan muy despacio
mis vecinos de polvo
mientras vuelven a casa.

Con los dedos pequeños
desmigamos el pan de antes de ayer
ya no sirve para nada
pasamos por el mundo
y el mundo ha caducado.
Tenemos internet, despertadores
artilugios modernos
y nosotros desmenuzando el pan
como abades del siglo dieciséis.
Nuestro padre lo arroja al agua tibia
con unas anclas-manos
y el pan se vuelve pasta de legumbres
o leche de ballena primeriza
cartón en la nieve.
Después remover y remover
pan resurrecto al fuego.
Comeremos las migas
con racimos de uvas
y sardinas de plata y chocolate
y pimientos adustos como ancianos.
Es invierno.
Nos guardamos las que sobran
dentro de los bolsillos
por si acaso.

DIOS SABE LO QUE HACE

Hoy ha muerto mi primera profesora
quien me dijo una vez: Dios sabe lo que hace.
Fue un alivio que alguien lo supiera.
Años después en el mundo
gana la ultraderecha
y hay gentes que no poseen
ni la tierra donde son aniquiladas.
Ya sé ya sé
que esto siempre ha sido un agujero.
Pero hoy
he sabido también
que mi amiga ha sido madre.
Cada uno aviva el fuego como puede.
Discutimos poemas de Virgilio
gastamos
cupones de comida
recolectamos
sellos y jabones
y a mi lado en el metro un hombre lee
(milagro)
la Wikipedia del albaricoque.

Mis huesos

Sé que mis huesos saben
varias cosas de mí
que como mal y que derramo vasos
que doy vuelcos a veces de hambre alegre.
Si llevara el esqueleto por fuera del cuerpo
si fuera un crustáceo
o un soldado de los tercios de Flandes
mis huesos hablarían como una
docena de chiquillas de excursión.
Pero mis huesos callan
porque habitan gratis un palacio caliente
y porque los huesos nunca han sabido hablar.

La fantasía
un interminable
y pícaro
inventario de nucas.

LA DE COSAS QUE PIENSO

Nadie sabe lo bien que me lo paso
en todo momento en mi cabeza de caimán
la de cosas que pienso
las cosas que imagino las cosas
que imagino no sabéis nada de las
cosas que imagino
tan furiosamente vivas dentro.

INSTRUMENTO

Escribo todo esto
con el órgano secreto.

La ciruela

Mira, está a punto de brotar
la sagrada ciruela
de la rama, tendremos
que recogerla a la hora del misterio
tendremos que esperar
a que la piel se vuelva blanquecina
escuchar su calor
oler su rezo.
No preguntamos
si a la ciruela le duele cuando la arrancamos.

Sobre las brasas
ha prendido
una palabra más grande:
sí.

Llevabas en los brazos guarrerías
robadas del garaje de tus padres.
Primavera
finales, goteaban las ramas
de los tilos
y tú con guarrerías en los brazos.
Y ocurrió: me subiste
a un olivo de aceitunas con anchoa.
¿Cómo podrán crecer –te pregunté–
las anchoas ahí dentro?
Soñé con ser semilla de la anchoa
fantasma con sábana de trigo
gusanito sin pupa
polvo azul.
En fin, una comida mentirosa
y ser cargada esa tarde entre tus brazos.
Deseaba convertirme
en un ultraprocesado
y morir masticada por tus dientes.
Las guarrerías duraron lo que duró
la noche a la intemperie.
Amanecimos con migas en la ropa.
Vaticinamos lluvia.

No sé si tendré hijos
tendría que guardarlos dentro de la nevera
acunarlos entre yogur y yogur
me pondría
muy triste saber
que mis hijos pasan frío en mi nevera
que mis hijos azules tiritan
maldiciendo
a su madre poeta.

NUEVO LIBRO DEL MUNDO

Algún día, quizás un día de estos
habrá que redactar
el Nuevo Libro del Mundo
con nuevas normas que seguir en caso de
renacimiento humano.
Por ejemplo: volverán
la peseta y los geranios.
Qué sencillo será este mundo entonces.
Por lo demás la tierra igual de cruel:
las ballenas tan cerca de las playas
y el musgo tan castrado de sus flores.

UNA SALINA

Qué existencia más tonta
si no fuera porque un día
tu madre te dio a luz.
Yo que me pierdo siempre en cualquier parte
un cajón una grieta una salina
yo que me pierdo en lugares sin rincones
¿qué haré cuando te extingas?

Me encontré contigo en sueños
llevabas
un abrigo de gotas
me lo dejaste porque tenía frío.
Había un tallo quebrado
pero había también una raíz
debajo de los zapatos
que nos unía.
Te dije muchas gracias
y te quiero
no sé si resonó en alguna parte.
Ya estabas caminando por la curva
camino de la fábula
ya estabas caminando
labradorita
sin tu abrigo de gotas.

Era absoluta
la libertad
de las regiones primeras.

Carretera quinientos
para ver un fenómeno terrestre
agujas en la vía
llovizna retrasada
nos persiguieron cuervos y corderos.
Todo esto tendrá una razón de peso
tendrá que haber alguna
razón superlativa para todo
¿no?
tendrá que haberla en estos almacenes
de harinas refinadas
tendrá que haberla en estos mataderos.
El mundo está
lleno de falsos techos
quitamiedos
tanques de agua
estufas de propano
hay cosas horrorosas que contienen
un hilo de belleza.
Nos vimos obligados a parar
a tratar de comprender la huella humana
y a lamernos
las manos y los pies.
Estábamos ligeramente tristes
como siempre que uno está de viaje.

COLINAS DE ALLAN

Pasamos la tarde en las Colinas de Allan
para sentirnos jóvenes.
Había un amor de siglos anteriores
en las vetas de las rocas.
Había un amor hecho de cristales.
Perdimos la noción del espacio tiempo
entre tanta blancura.
Atrapamos la magnitud
y nos entró por un momento miedo.
Después rodamos sobre los feldespatos
con risas de cometa.
Se me heló la nariz
a ti los dedos.
Son cosas que pasan.

Arde el aire
y las chicas me miran desde
la platea dorada
en una era geológica futura.
Separo las piernas
para dejar posarse al instrumento
en el silencio que imagino que habrá
en las Grandes Llanuras.
¿Dónde estás, Piedra de Toque,
que no te veo en la plaza?
Te había reservado una canción.
La muralla
en lo más elevado de la aldea
nos separa del sol.
¿Qué me dijiste allí, Canto Rodado,
cuando nos despedimos?
Susurraste y me pediste muchas cosas
que no puedo concederte.
No debí invitarte a mi
cajita de cerillas
no debí inventarme nombres para ti
tú no los necesitas.
¿Qué te pregunto, Runa del Camino,
si nunca me respondes?
La convección te ha convertido en polvo
y ya no puedo verte.

Ahora toca la banda
yo deshago las cuerdas.
Tras la muralla anidan minerales.

Mira
los tiernos delirios de
una persona común y
una paradoja.

ÍNDICE

ESTA PRIMERA EDICIÓN DE
ANIDAN MINERALES
DE JULIA VIEJO
SE TERMINÓ DE IMPRIMIR
EL DÍA 15 DE MAYO DE 2026